AF370050

VENTE DU VENDREDI 10 AVRIL 1896

HÔTEL DROUOT, SALLE N° 7

à deux heures

TABLEAUX

Anciens et Modernes

AQUARELLES, PASTELS, DESSINS, GRAVURES

Cadres

EXPOSITION PUBLIQUE

LE JEUDI 9 AVRIL 1896

DE 1 HEURE 1/2 A 5 HEURES 1/2

COMMISSAIRE-PRISEUR	EXPERT
Mᵉ Paul CHEVALLIER	**M. Eug. FÉRAL, peintre**
10, rue de la Grange-Batelière, 10	54, Faubourg-Montmartre, 54

CONDITIONS DE LA VENTE

Elle sera faite au comptant.

Les acquéreurs payeront *cinq pour cent* en sus des adjudications.

Paris. — Imp. de l'Art. E. Moreau et Cⁱᵉ, 41, rue de la Victoire.

DÉSIGNATION

TABLEAUX

1 — ADAM. Moines au lutrin.

2 — APPERT. Portrait. Pastel.

3 — BALLUE (E.) 1877. L'Allée des artistes (Barbizon).

4 — BASSAN (Attribué à). Le Christ mis en croix, entouré de nombreux personnages. Peinture sur cuivre dans un cadre en bois sculpté.

5 — BELLIN (D'après). La Vierge et l'Enfant Jésus.

6 — BILLET. Paysage d'Orient.

7 — BOGERT. Les Fumeurs.

8 — BOUCHER (École de). Amphitrite. Pastel.

9 — BOUCHER (D'après). Nymphe et Berger. Peinture décorative sur fond d'or.

10 — BOURGUIGNON (Genre de). Choc de cavalerie.

11 — BRASCASSAT (Genre de). Tête de taureau.

12 — BRIL (PAUL). Poulailler au pied d'une tour.

13 — BRIL (PAUL). Ruines et figures.

14 — BRIL (Attribué à P.). Paysage avec monuments sur les bords d'un cours d'eau.

15 — BRAKENBURG. Scènes de mœurs hollandaises, suite de quatre petits tableaux.

16 — BRONZINO (Attribué à). Jeune Femme en costume du XVIe siècle.

17 — BUDELOT. Cavaliers sous bois.

18 — CARRACHE (École des). Jeune Homme couronné de laurier.

19 — CARRACHE (D'après). Sainte Famille.

20 — CHARLIER (Attribué à). Danaé. Gouache.

21 — COINDRE. La Pêche à la ligne.

22 — COUDERC (M. J.). Une Plage.

23 — COUDERC (M. J.). Mer agitée.

24 — DECHARME. Paysage.

25 — DOLCI (D'après). La Vierge en prières.

26 — DUPRÉ (Genre de). Vaches à la rivière.

27 — DURAND (DANIEL). La Vierge, en buste. Grande miniature sur vélin. Signé et daté 1660.

28 — DYCK (D'après VAN). Portrait d'homme.

29 — DEVRIES. Paysage avec chaumières. Au centre, un chemin sinueux bordé d'une barrière en planches; à droite, une paysanne et son enfant. Au second plan, un massif de verdure se détachant sur un ciel nuageux. Peinture sur bois dans le style de Jacob Ruysdaël.

30 — F. P. Fleurs dans un vase.

31 — FALGUIÈRE. Gambetta. Mine de plomb.

32 — FRÈRE (Genre de TH.). Vue d'Orient.

33 — GAUGUIN. Clairière dans une forêt.

34 — GARNEREY (H.). Ville normande.

35 — GAUTHIER (A.). Femme vue à mi-corps.

36 — GÉRICAULT (Genre de). La Farandole.

37 — GITTARD. Soleil couchant.

38 — HEEM (Genre de DAVID DE). Fruits posés sur une table de cuisine, les uns dans des plats de faïence, d'autres dans un panier.

39 — HEEMSKERCK. La Partie de tric-trac.

40 — HEEMSKERCK (Genre de). Les Fumeurs.

41 — HUYSMANS (Attribué à). Paysage.

42 — JACQUE (CH.). Eau-forte, épreuve de remarque avec dédicace.

43 — LACROIX (TRISTAN). Chiens de chasse.

44 — LAGRÉNÉE (Genre de). Moissonneuse endormie.

45 — LEDIEU. Entrée de ferme.

46 — LELY (Attribué au chevalier). Portrait d'un magistrat en buste, perruque blonde, habit noir.

47 — LE PRINCE (Genre de). Les Joueurs de boules.

48 — LOCATELLI (Genre de). Paysage italien.

49 — MAGNUS (C.). Sentier en forêt.

50 — MANGLARD. Marine par un temps d'orage.

51 — MEULEN (Genre de VAN DER). Combat de cavalerie.

52 — METSU (D'après). La Marchande de poissons. Aquarelle.

53 — MOLA (P. FR.). La Madeleine au désert.

54 — MOMPER (JOSSE DE). Paysage.

55 — NATTIER (Genre de). Portrait de jeune femme. Pastel.

56 — NETSCHER (Attribué à C.). Portrait de femme tenant une couronne.

57 — ORIZONTI (VAN BLOEMEN). Paysage avec maisons de villageois et personnages sur la gauche. Au premier plan, un petit cours d'eau traversé par un pont; au fond, des montagnes. Ciel nuageux.

58 — OUDRY (Attribué à). Chiens attaquant un sanglier.

59 — PANNINI (Attribué à J. B.). Palais en ruines avec personnages. Dans le fond, un pavillon avec dôme et colonnade au bord d'une pièce d'eau.

60 — PANNINI (Genre de). Personnages parmi des ruines.

61 — PELLETIER (JULES). Fleurs et Fruits.

62 — PETERS (BONAVENTURE). Marine ; tempête.

63 — PETIT (EUGÈNE). Roses jetées à terre.

64 — PINET-LEODI (Signé). Les Baigneuses.

65 — POUSSIN (Attribué à N.). Bacchanale.

66 — QUEVERDO. Nouvelles du bien-aimé. Gravure.

67 — RIBOT (GERMAIN). Giroflées.

68 — RIBOT (GERMAIN). Le Garçon cuisinier.

69 — ROSA (Genre de SALVATOR). Paysage accidenté. Au premier plan, la Madeleine. Panneau de forme ronde.

70 — RUYSCH (RACHEL). Fleurs dans un vase en faïence bleue posé sur une balustrade de pierre. Peinture sur cuivre de forme ovale. Signée.

71 — RUYSDAEL (Genre de). Chaumière près des arbres.

72 — SALVATOR (Genre de). Une Bataille.

73 — SARRAZIN. Paysage et figures.

74 — SCHENDEL (Genre de). La Collation ; effet de lumière.

75 — SIMONET. Enfants turcs.

76 — TENIERS (Genre de). Scène de cabaret.

77 — DE TROY. Portrait d'homme. Toile ovale.

78 — T. M. (Initiales). Chargement d'un bateau.

79 — VALTON (E.). — La Mère et l'Enfant.

80 — VERKOLIE. Allégorie.

81 — VERNON (PAUL). Mare en forêt.

82 — VOS (SIMON DE). Jésus présenté au peuple.

83 — VOUET (Attribué à S.). Sujet mythologique.

84 — VRIES (RENIER DE). Tour et constructions au bord d'un cours d'eau. Au centre, des pêcheurs abordent au rivage. De grands arbres se détachent sur un ciel nuageux. Ce tableau rappelle les œuvres de Conrad Decker. Signé.

85 — WATTEAU (Genre de). Réunion dans un parc.

86 — WILLEMS (Genre de F.). Jeune femme tenant une corbeille de fleurs. Esquisse.

87 — WOUWERMAN (D'après PH). La Charrette de foin.

88 — W. (Monogramme). Fleurs diverses dans un vase en porcelaine du Japon.

89 — Zorgh. La Cuisinière hollandaise.

90 — Zuccarelli. Paysages avec palais en ruines. Deux pendants.

91 — Zurbaran (École de). Cléopâtre.

92 — École espagnole. Rixe de mendiants.

93 — École flamande. Portrait d'un personnage à barbe blanche.

94 — École flamande. La Déposition de la Croix.

95 — École française. Portrait de Charles VII, roi de France. Bois.

96 — École française. Satyre découvrant une nymphe endormie.

97 — École française. Invocation. Clair de lune.

98 — École française. Compositions mythologiques. Deux gouaches.

99 — École française. xviie siècle. Portrait d'homme avec jabot de guipure.

100 — École française. xviie siècle. Portrait d'homme drapé dans un manteau.

101 — ÉCOLE FRANÇAISE. Soudards et Courtisane.

102 — ÉCOLE FRANÇAISE. Jeune Fille tenant une rose.

103 — ÉCOLE FRANÇAISE. La Balançoire.

104 — ÉCOLE FRANÇAISE. Jeune Fille enlevée par les amours.

105 — ÉCOLE FRANÇAISE. Intérieur de grotte.

106 — ÉCOLE FRANÇAISE. Portrait de femme en pelisse bleue bordée d'hermine.

107 — ÉCOLE FRANÇAISE. La Collation.

108 — ÉCOLE FRANÇAISE. Vénus et l'Amour endormis.

109 — ÉCOLE HOLLANDAISE. Portrait de femme.

110 — ÉCOLE HOLLANDAISE. La Marchande de légumes.

111 — ÉCOLE HOLLANDAISE. Chats et volailles.

112 — ÉCOLE HOLLANDAISE. Portrait de femme tenant des gants.

113 — ÉCOLE HOLLANDAISE. La Nativité.

114 — ÉCOLE HOLLANDAISE. Portrait de femme (toile ovale).

115 — ÉCOLE HOLLANDAISE. Paysage montagneux avec cavalier sur un pont.

116 — ÉCOLE HOLLANDAISE. Chasseurs auprès d'un cours d'eau. Cadre en bois sculpté.

117 — ÉCOLE HOLLANDAISE. Château au bord d'une rivière.

118 — ÉCOLE D'ITALIE. XVe siècle. La Charité romaine.

119 — ÉCOLE ITALIENNE. Portrait de Jeune fille.

120 — ÉCOLE ITALIENNE. Pâtre et vaches.

121 — ÉCOLE ITALIENNE. Le Pouilleux.

122 — ÉCOLE ITALIENNE. Léda.

123 — ÉCOLE ITALIENNE. Danaé.

124 — ÉCOLE ITALIENNE. La Vierge allaitant l'Enfant Jésus.

125 — ÉCOLE MODERNE. Javanaise.

126 — ÉCOLE MODERNE. Le Favori du château.

127 — ÉCOLE MODERNE. Femme se déshabillant. Esquisse.

128 — ÉCOLE MODERNE. Allégorie.

129 — ÉCOLE MODERNE. Intérieur Louis XIII.

130 — ÉCOLE MODERNE. Esquisse.

131 — ÉCOLE MODERNE. Portrait de femme avec ruban dans la coiffure.

132 — ÉCOLE MODERNE. Fête de nuit, à Rome.

133 — ÉCOLE MODERNE. Barques auprès d'une jetée.

134 — ÉCOLE MODERNE. Marine.

135 — ÉCOLE MODERNE. Femme en coiffe nationale.

136 — ÉCOLE MODERNE. Tête de mouton. Étude.

137 — ÉCOLE MODERNE. La Plaine Saint-Denis. Pastel.

138 — ÉCOLE MODERNE. Les Joueurs d'échecs.

139 — ÉCOLE MODERNE. Diane au bain.

140 — ÉCOLE MODERNE. Corbeille de fruits.

141 — ÉCOLE NAPOLITAINE. Tête d'homme.

142 — ÉCOLE VÉNITIENNE. Vénus sur les eaux. La déesse est debout sur une coquille traînée sur les eaux par deux colombes. Deux amours l'accompagnent.

143 — Plusieurs aquarelles, dessins et gravures sous ce numéro.

144 — Deux photo-gravures en couleurs, d'après Kaemmerer.

145 — Une peinture, trois dessins et deux miniatures.

146 — Neuf peintures sans cadre, sous ce numéro.

147 — Plusieurs gravures sous ce numéro.

148 — Bas-relief en marbre blanc, Deucalion et Pirrha.

149 — Deux gravures en couleurs, portraits.

150 — Dix gravures anglaises en couleurs d'après Morland et autres. Ce lot sera divisé.

151 — Deux gravures en couleurs : La Fille qui se défend mal et le Danger des bosquets.

152 — Une gravure : La Mort de Mirabeau.

www.ingramcontent.com/pod-product-compliance
Lightning Source LLC
LaVergne TN
LVHW010837180726
843502LV00009B/3617